AF311935

ECLAIRCISSEMENS
NECESSAIRES
TOVCHANT
LES CONTESTATIONS
QVI RESTENT
SVR LA DOCTRINE
DE JANSENIVS,
POVR LA DEFENSE
DV
DROIT DE L'EGLISE

Contre les artifices des ennemis de la Verité..

A PARIS,
Chez FLORENTIN LAMBERT, ruë saint Iacques,
devant saint Yves, à l'Image saint Paul.
M. DC. LXVIII.

AVEC PERMISSION DV ROY.

ECLAIRCISSEMENS
NECESSAIRES
TOVCHANT
LES CONTESTATIONS
QVI RESTENT
SVR LA DOCTRINE
DE JANSENIVS.

*Pour la deffence du droit de l'Eglise, contre les artifices
des ennemis de la Verité.*

ES Heretiques ont toûjours fait plus de dommage
à l'Eglise par la subtilité de leurs artifices , que par la
force de leur doctrine, ou par la violence de leurs per-
secutions. Leur fureur a fait des Martyrs, leur pretendu sçavoir a exercé les Docteurs Catholiques, &
quelquefois a donné sujet d'eclaircir plusieurs veritez
importantes ; Mais par leurs ruses & déguisemens, ils
ont d'ordinaire seduit les peuples, & souvent ils ont
surpris ceux-là mémes qui étoient les plus recommendables pour leur
pieté, & qu'on estimoit les mieux établis dans la Foy.

Presque tout le monde (comme parle saint Jerôme) s'est veû avec
étonnement envelopé dans l'Arianisme, par les tromperies de ceux qui
fomentoient cette heresie ; & ce qui est de plus surprenant, c'est que

A

beaucoup d'Evefques, apres de fignalez fervices rendus à l'Eglife, fe font trouvez infenfiblement engagez fous divers pretextes dans ce malheureux party , & prefque fans y penfer, font devenus les protecteurs des ennemis de la Foy, & les fauteurs de leur rebellion.

C'eft pourquoy les Saints peres & les Docteurs n'ont pas moins employé de foin pour découvrir les artifices des Heretiques, que pour refuter leurs erreurs : Ils voyoient bien qu'il étoit auffi neceffaire pour la deffence de la verité, de preferver les fideles de leurs furprifes , que de les précautionner contre leur mauvaife doctrine.

Quoy que les deffenfeurs de la doctrine de *Ianfenius*, qu'on appelle pour ce fujet *Ianfeniftes*, ayent toûjours affecté d'étre eftimez fçavans ; toute leur fcience eût toutefois peu fervy à l'auancement de leurs deffeins, s'ils n'euffent eu recours aux déguifemens & aux artifices. L'on fçait affez qu'avant la conftitution d'Innocent X. ils foûtenoient hautement les cinq propofitions, qu'ils difoient renfermer les plus conftantes Maximes de la doctrine de faint Auguftin expliquées plus au-long dans le Livre de Janfenius. Mais voyant le foudre de l'Eglife preft à tomber, ils tâcherent d'en détourner le coup, par les divers fens qu'ils donnerent à ces propofitions : Et enfin apres que leur condamnation eut été publiée, ne pouvant fe refoudre à changer de fentimens, & voulant toûjours foûtenir cette doctrine cenfurée, ils s'aviferent de dire que ces propofitions n'étoient point dans le Livre de Janfenius , & que quand bien elles s'y trouveroient, elles n'avoient point été condamnées dans le fens de cet Autheur. Cette conduite ne caufa pas un petit étonnement parmy les plus élairez de leur party, qui furent fcandalifez, de voir un procedé fi contraire à la fincerité Chreftienne. L'on n'ignore pas ce que le feu fieur pafchal a dit, & écrit fur ce fujet, quoy qu'ils ayent fait tout ce qu'ils ont pû pour le fuprimer. Et neanmoins, comme ce déguifement n'avoit pas tout le fuccez qu'ils s'étoient promis , ils fe jetterent dans la diftinction du droit & du fait, commme dans un dernier retranchement pour fe deffendre autant qu'ils pourroient contre les Anathemes de l'Eglife.

Il n'eft pas neceffaire de rapporter icy toutes les autres rufes dont ils ont effayé de fe fervir ; combien de fois ils ont tâché de faire diverfion, & de donner le change : tantoft en faifant avancer dans les Thefes de leurs partifans diverfes propofitions extraordinaires, pour amufer les Docteurs Catholiques : tantoft en faifant des plaintes contre le relâchement de la Morale : d'autres-fois formant des difficultez hors de propos touchant le pouvoir des Curez, & l'authorité des Evefques : y mélant auffi à deffein le pretexte des libertez de l'Eglife Gallicane : & enfin employant toutes fortes de moyens pour divifer les puiffances, & profiter de leur divifion.

L'on pourroit avec raison se servir à leur égard du même reproche qu'on fit autrefois à ce mauvais Avocat, qui dans son plaidoyé, où il ne s'agissoit que de trois Chevres, faisoit sans cesse de longues digressions sur la deffaite de Mitridates, & sur la perfidie des Carthaginois : ce qui obligea sa partie de luy dire avec un peu d'émotion. *Iam dic Posthume de tribus Capellis.* Nous ne sommes point en contestation avec les Jansenistes touchant le relachement de la Morale : Tous les bons Catholiques souhaitent d'en voir une veritable reformation, plûtost d'effet que de parole. Nous ne disputons point avec eux du pouvoir des Curez, ny de l'authorité des Prelats de l'Eglise. Nous n'avons rien à démêler avec eux touchant les libertez de l'Eglise Gallicane. Il est seulement question de sçavoir, s'ils veulent toûjours s'obstiner à soûtenir la doctrine d'un Livre qui a été condamnée comme Heretique. Voila le sujet de nôtre different : & pour le faire encore mieux connoître, il le faut mettre en son jour, & luy donner un entier éclaircissement.

Eclaircissement de l'état present des contestations qui restent entre les Catholiques & les Iansenistes.

L Aissons-là les evasions artificieuses dont on a souvent taché de se servir : mettons à-part les subtilitez Scolastiques : parlons d'un langage qui soit facilement entendu de tous les Catholiques, puisque tous ont interest de connoître la verité, & d'étre bien informez des obligations qu'ils ont de la croire, & de la professer. Voyons dequoy il s'agit, & ce qui fait maintenant le sujet de nos contestations avec les Jansenistes.

Premierement, ce n'est pas de la personne de Jansenius, comme ils ont voulu faire croire aux plus simples, pour leur mettre le scrupule dans l'ame, & les détourner de signer le Formulaire, de peur de pecher contre la charité. Il ne s'agit point de faire le procez à ce Prelat, ny de le condamner comme Heretique. Il a fait assez paroître ce qu'il étoit, par la soûmission qu'il a renduë à l'Eglise, dont je parleray dans la suitte : & il seroit à desirer que ceux qui l'ont suivy dans les erreurs de son Livre, voulussent l'imiter dans son humilité, & renoncer comme luy, à toute attache à leur propre jugement. Il ne s'agit donc pas de la personne de Jansenius, mais seulement de la doctrine de son Livre intitulé (*Augustinus*) qu'il a soûmis absolument à la censure de l'Eglise. Il est question de sçavoir si l'Eglise a legitimement condamné la doctrine de ce Livre, ou si elle s'est trompée au jugement qu'elle en a fait ? & si les

Catholiques font obligez de fe foûmettre à ce jugement ? Voila le poinct principal de noftre different avec les Janfeniftes.

Trois Souverains Pontifes ayant pris une exacte connoiffance de ce Livre, & employé toute la diligence poffible pour l'examiner, en ont condamné la doctrine côme Heretique : Les Evéques de tous les Royaumes Chreftiens, & particulierement ceux de France, ont receû les Conftitutions de ces Souverains Pontifes, les ont fait publier dans leurs Diocefes, & en ont ordonné l'obfervation ; le Roy plein du defir de maintenir l'unité de la Foy, & la pureté de la Religion Catholique dans fes Eftats, a autorizé la condamnation de ce même Livre par fes Declarations, & par les Arrefts de fes Parlemés & de fon Confeil. Mais malgré tous ces coups d'authorité legitime, il fe trouve encore des gens qui fe difent Catholiques, & qui pourtant refufent de fe foûmettre au jugement de l'Eglife, & qui même ozent la prendre à partie & luy foûtenir en face, qu'elle n'a pas bien entendu le fens du Livre de Janfenius, & qu'elle s'eft trompée lors qu'elle a condamné fa doctrine comme Heretique. Quoy donc faudra-t-il que tous les Siecles à-venir fçachent, que dans un Royaume tres-Chrétien, qui a toûjours été le plus fort rampart de la Religion Catholique contre tous fes adverfaires, l'Eglife de Jefus-Chrit n'ait pas eu affez d'autorité pour condamner un Livre, & pour dompter l'obftination de quelques particuliers, qui méprifant fes Anathemes, veulent faire fubfifter une pernicieufe doctrine qu'elle a cenfurée ? Sera-t-il dit, que la puiffance d'un grand Roy qui a fait trembler toute l'Europe, n'aura pas eu affez de force pour exterminer de fes Eftats un mauvais Livre, & pour garantir fes fujets de la contagion des erreurs dont il eft remply ?

Le refus que les Ianfeniftes font de fe foûmettre au jugement de l'Eglife, condamné par les Conciles Generaux.

CE feroit affez pour perfuader la foûmiffion à un efprit Catholique & raifonnable, que de luy reprefenter que Jefus-Chrit a promis l'affiftance continuelle de fon faint Efprit à fon Eglife ; qu'il l'a renduë depofitaire des veritez que renferment les Saints Livres ; qu'il luy a commandé d'enfeigner ces veritez, de faire entendre aux Fideles le vray fens de fes Ecritures, & de condamner les fauffes explications que luy donnent les Heretiques.

Car fi l'Eglife éclairée de la lumiere du faint Efprit peut avec certitude & infallibilité difcerner dans les facrez Volumes ce qui eft Ecriture

Canonique, de ce qui eſt apocriphe & ſuppoſé, elle pourra bien avec la même certitude diſcerner dans les Livres des particuliers, ce qui eſt conforme ou contraire aux veritez contenuës dans cette Ecriture. Et ſi elle peut juger avec certitude du legitime ſens des ſaintes Ecritures, elle pourra ſans doute avec la même certitude juger du ſens de la doctrine d'un Autheur particulier, & les Catholiques ſeront auſſi obligez de ſe ſoumettre à ſon jugement pour une deciſion, que pour l'autre. Mais d'autant que ceux qui ſoutiennent la doctrine du Livre de Janſenius ſont preſque tous atteints d'une certaine maladie, que l'on nomme, *attache au propre jugement*, qui eſt tres-difficile à guerir : un ſimple remede ne ſuffit pas, il ſe faut ſervir des plus forts, & y employer tout ce qui peut convaincre l'obſtination des Heretiques.

L'authorité des Conciles generaux a toûjours été d'un grand poids ſur les eſprits les plus rebelles, pour leur faire connoître la verité, & les obliger de renoncer à leurs erreurs. Voyons ſi ce moyen aura aſſez de pouvoir pour perſuader les Janſeniſtes.

Le premier Concile de Nicée condamna la doctrine pernicieuſe du Livre intitulé (*Thalia*) compoſé par l'Heretique Arius : & perſonne n'a reclamé contre cette condamnation.

Le ſecond Concile de Conſtantinople condamna divers Livres d'Eunomius, de Macedonius, de Neſtorius, d'Apollinaire, d'Eutichez & d'Origene, comme remplis d'une doctrine Heretique : Et depuis ce tems-là tous les Catholiques ont eu ces Livres en telle horreur, qu'ils euſſent creu commettre un grand crime d'en garder quelqu'un, même ſans deſſein de le lire.

Au quatriéme Concile de Conſtantinople, qui fut le huitiéme General, les Livres de Photius qui avoit été patriarche de cette Ville, furent condamnez & bruſlez en la preſence de tous les peres du Concile, avec deffence tres-étroite de ſoutenir les maximes que ces Livres enſeignoient.

Le quatriéme Concile de Latran, qui eſt le dixiéme General, condamna la doctrine d'un Livre de l'Abbé Joachim, dans quelques propoſitions qui en avoient été tirées : & les Diſciples de cet Abbé obeirent à la condamnation, ſans chercher des diſtinctions, ny des evaſions pour deffendre les ſentimens de leur Maiſtre. Le Concile cependant faiſant grande diſtinction de la Doctrine, & de ſon Autheur, qui s'étoit ſoumis à l'Egliſe, rejetta la doctrine, ſans condamner l'Autheur.

Au Concile general tenu en la ville de Conſtance, la doctrine de Vviclef, & de Jean Hus, exprimée en pluſieurs articles qui en avoient été tirez, fut condamnée comme Heretique. Et ce qu'il faut obſerver, c'eſt qu'entre les chefs, ſur leſquels le Concile ordonna qu'on examineroit ceux qui ſeroient ſoupçonnez des Erreurs qu'il venoit de condamner, il vouloit qu'on leur demandaſt, s'ils croyoient que la doctrine des livres

A iij

de ces Heretiques eût été justement condamnée : & que s'ils ne se soû-
mettoient pas à cette condamnation, ils fussent tenus & traittez comme
Heretiques.

Il n'est pas necessaire de s'étendre icy, pour montrer le rapport qu'il
y a du procedé de ces Conciles à nôtre sujet : le Lecteur en fera aisé-
ment luy-méme l'application, & jugera si l'Eglise a pû legitimement
condamner la doctrine du livre de Jansenius dans les cinq Propositions,
qui en ont été tirées : & de quelle maniere on eût agy contre les Jansenistes dans ces Conciles, s'ils eussent allegué la distinction du droit &
du fait, pour s'exempter d'obeïr, & de se soumettre à leurs Censures.

Le méme refus que les Iansenistes font de se soumettre, condamné par les Empereurs & par les Princes Chrétiens.

IL seroit inutile de rapporter icy ce que Gelaze, Symmaque, Hor-
misdas, Adrian II. Nicolas II. Innocent II. Leon X. Adrian VI.
& plusieurs autres Souverains Pontifes ont fait pour la condamnation
de la doctrine des mauvais livres qui ont paru de leur temps. Les Jansenistes sont assez persuadez que ces successeurs de saint Pierre ont toûjours montré un grand zele pour déraciner cette yvroye du champ de
l'Eglise. Mais comme ils témoignent trop, qu'ils font peu de cas des
condamnations qui viennent de cette part ; & que l'endurcissement de
leur cœur les rend insensibles aux anathemes des Vicaires de Jesus-
Christ : peut-étre seront-ils plus touchez de voir les Empereurs & les
Princes Souverains prendre en main la cause de l'Eglise, & employer
leur authorité pour reprimer l'insolence de ceux qui refusent de luy
obeïr.

Le premier Empereur Chrestien Constantin, s'est signalé sur ce sujet;
car ayant apris que les Peres du Concile de Nicée avoient condamné le
livre de l'Heretique Arius, pour faire paroitre en quelle horreur il avoit
sa pernicieuse doctrine, il fit un Edit qui deffendoit sous peine de la vie,
non seulement de soûtenir les sentimens de ce méchant livre, mais
méme de le garder, sous quelque pretexte que ce fût.

Theodose & Valentinian, marchant sur les pistes de ce grand Prince,
firent une pareille deffence, touchant le livre de l'Heretique Nestorius.

Marcian condamna au feu les livres d'Etychés, & d'Appollinaire &
au bannissement perpetuel ceux qui en auroient dans leurs maisons.

Justinian ordonna que les livres des Heretiques Acephales fussent
jettez au feu, & que l'on coupât les mains de ceux qui seroient convain-

eus de les avoir écrits, ou tranfcrits.

Il feroit ennuyeux au Lecteur de luy rapporter tous les Princes qui ont témoigné leur zele pour exterminer les livres condamnez par l'Eglife; ils n'ont jamais manqué de le faire, s'ils n'étoient eux-mémes infectez d'Herefie, ces fortes d'ouvrages ayant toûjours été reconnus prejudiciables, non feulement au bien de la Religion, mais auffi au repos de l'Etat.

Il y a tout fujet de croire que fi du tems de ces Empereurs quelqu'un fe fût avifé d'alleguer la diftinction du droit & du fait, pour foûtenir la doctrine de ces livres condamnez, il euft été fort mal receu, & que le fiecle de ces Princes n'euft pas été favorable aux Janfeniftes.

La même defobeyffance des Ianfeniftes condamnée par la pratique univerfelle de toute l'Eglife.

IL eft conftant que Jefus-Chrift ayant confié à fon Eglife le dépoft des Veritez qu'il a luy-méme enfeignées au monde, luy a auffi donné la lumiere & l'authorité de difcerner ces mémes veritez d'avec les erreurs qui leur feroient contraires. Il s'en trouve des exemples dans tous les fiecles particulierement fur le fujet des bons & des maûvais livres qui ont paru; elle a examiné les uns & les autres, elle a approuvé ceux qui contenoient une faine doctrine, & condamné les autres où elle a trouvé quelque chofe contraire à la verité, ou aux bonnes mœurs.

Par cette raifon les Evefques ont toûjours eu non feulement le pouvoir mais auffi l'obligation de prendre connoiffance des Livres qui fe debitoient dans leurs Diocefes; & en approuvant les bons, de cenfurer les autres, dont la lecture pouvoit nuire aux ames. Ce qui leur eft fort convenable, puis qu'étant les premiers & les principaux pafteurs des Fideles, c'eft à eux qu'il appartient de leur procurer une pafture profitable, & de leur retrancher celle qui porteroit prejudice à leur falut.

Que fi chaque Evefque doit veiller foigneufement fur ce poinct, ceux qui font fous fa conduite n'ont pas une moindre obligation de luy obeyr; & à plus forte raifon, quand le Pape & les Prelats Catholiques ont condamné la doctrine d'un Livre, tous les Fideles font tenus de fe foumettre à leur jugement.

Il n'y a que les Janfeniftes qui par vn fecret inconnu à tous les fiecles paffez, ont trouvé le moyen d'accorder une formelle defobeyffance aux commandemens des Superieurs Ecclefiaftiques, avec une haute pieté: & en fecoüant le joug de l'obeyffance comme des Enfans de Belial, de fe dire toûjours tres-humbles & tres-foumis Enfans de l'Eglife.

On doute cependant avec raiſon, qu'ils puiſſent bien juſtifier cet article de leur Morale reformée, Qu'apres la condamnation que l'Egliſe aura
faite de la mauvaiſe doctrine d'un Livre dans quelques propoſitions qui
en auront été tirées, il ſoit libre aux Catholiques de ſe ſoumettre, ou
non, à cette Cenſure ; & que ce leur ſoit une legitime excuſe, de dire,
que ce n'eſt qu'une queſtion de fait, de ſçavoir ſi ces propoſitions ſont
dans le Livre, ou ſi le ſens de la doctrine du Livre a été bien entendu.

Mais pour toucher plus preciſement nôtre ſujet, il eſt certain que la
pratique de l'Egliſe a toûjours été, lors qu'il s'agiſſoit de la condamnation
d'un Livre Heretique, non ſeulement de le cenſurer en general, mais
auſſi d'en tirer quelques propoſitions de ce qu'il y avoit de plus perni-
cieux, & de condamner dans ces propoſitions la mauvaiſe doctrine du
Livre.

Ainſi au quatriéme Concile de Latran la doctrine du Livre de
l'Abbé Joachim fut condamnée dans les propoſitions qui en furent
tirées.

Au Concile de Conſtance la doctrine des Livres de Uuiclef & de
Jean Hus fut pareillement Cenſurée dans les articles qui en furent
extraits.

Gregoire XI. condamna la doctrine des Livres de Raymond Lulle, en
plus de deux cens propoſitions qui en furent tirées.

Jean XXII. en avoit uſé de méme à l'égard de quelques Commentai-
res ſur les Livres du Nouveau Teſtament.

Et long-tems auparavant Eſtienne Eveſque de Paris avoit Cenſuré la
doctrine de quelques mauvais Livres dans pluſieurs propoſitions qui en
avoient été receuillies.

La doctrine des Livres d'Arnauld de Villeneuve, de Nicolas de Ca-
labre, d'Arnauld de la Montagne & de pluſieurs autres Eſcrivains, fut de
la méme ſorte cenſurée du temps de Clement V.

Et ſi l'on veut ſe donner la peine de feuilleter les Regiſtres de Sor-
bonne, & des autres Facultez de Theologie, l'on y trouvera une infini-
d'exemples de divers Livres, dont la doctrine n'a été cenſurée que ſur
les propoſitions qui en ont été extraites.

Mais ce qui merite d'étre obſervé, c'eſt que depuis pres de dix-ſept
ſiecles que l'Egliſe a commencé d'uſer de cette autorité, & de cenſurer
de la ſorte la doctrine des mauvais Livres, il ne s'eſt point trouvé d'Heretique, ny de Catholique, qui pour eluder ces condamnations ſe ſoit
aviſé d'employer la diſtinction du droit & du fait ; & dans toute l'Hi-
ſtoire il ne ſe lit point que parmy tant de ſçavans Prelats & de grands
Docteurs, quelqu'un ſe ſoit aperceu de cette pretenduë difficulté ; &
ce qui eſt encore plus étonnant, c'eſt que dans le grand nombre de Livres qui ont été cenſurez de nôtre temps, il n'y ait que celuy de Janſenius

nius à qui l'on ait voulu donner ce privilege, & que ceux mémes qui fous pretexte de cette diftinction du droit & du fait, paroiffent les plus oppo-fez au Formulaire, ayent neanmoins été les plus rigides à exiger de leurs inferieurs la méme foumiffion qu'ils refufent à l'Eglife.

L'on fçait de quelle façon le Livre de l'Apologie des Cafuiftes a été cenfuré en divers lieux. M. l'Evefque d'Alet y a procedé à l'ordinaire, & en ayant tiré quelques propofitions, qu'il a jugées contraires à la faine doctrine, & aux bonnes mœurs, il a condamné dans ces propofitions la doctrine de ce Livre, avec deffenfe aux Confeffeurs de fe fervir des maximes qu'il contenoit pour la conduite des ames. Perfonne n'a re-clamé contre cette cenfure : elle a été trouvée fort jufte, & comme telle approuvée de plufieurs Prelats, qui en ont fait de pareilles.

Je voudrois bien fçavoir, fi apres cette condamnation, un Curé ou un Confeffeur du Diocefe d'Alet, ayant peine de s'y foumettre, euft eu bon-ne grace d'alleguer la diftinction du droit & du fait, & de remontrer à M. fon Prelat, que ce n'eft qu'une queftion de fait, de fçavoir fi les pro-pofitions qu'il a condamnées font dans ce Livre, ou s'il les a condamnées au fens de l'Autheur. Qu'au refte il veut bien tenir pour cenfurées ces propofitions en quelque Livre qu'elles fe trouvent, mais que ne les lifant point dans celuy de l'Apologie, dont il trouve la doctrine fort bonne, il eft refolu de le retenir & de s'en fervir, & qu'on ne peut exiger de luy fur le fujet de ce Livre, qu'un filence refpectueux.

En verité fi un Ecclefiaftique euft tenu ce difcours à M. d'Alet, quelle réponce en euft-il receuë? & quel moyen peut-on croire que ce Prelat euft employé, pour luy éclaircir la veuë, & pour luy aider à lire dans ce Livre les propofitions condamnées ?

Le refus que les Ianfeniftes font de fe foumettre au juge-ment de l'Eglife, condamné par Ianfenius méme.

CE n'eft pas la premiere foi·, comme a bien remarqué Vincent de Lerins, *que les Auteurs d'une fauffe doctrine ayent été reputez Catho-liques, & les deffenfeurs de la méme doctrine ayent été rejettez comme He-retiques : qu'on ait veu les Maiftres abfous, & leurs Difciples condamnez.* Il y en a beaucoup d'exemples dans l'Hiftoire de l'Eglife, mais je m'ar-refte au plus recent, & au plus propre à nôtre fujet.

Janfenius apres avoir employé bien des années à la compofition du Livre intitulé (*Auguftinus,*) où il avoit eu deffein de ramaffer les fen-timens de faint Auguftin touchant la doctrine de la grace, eut une pen-fée fort Chreftienne, qu'il exprima dans l'Epître liminaire de ce livre, qui fut trouvée écrite de sa main, & dont son neveu Chanoine de l'Eglise Cathedrale d'Ypre fit voir l'original à M. le Prince, lors qu'il eut reduit cette Ville à l'obeissance du Roy. Dieu sçait à quelle fin ceux qui firent imprimer ce livre, apres la mort de son Autheur, ont supprimé cette Epître addressée au Pape. Quoy qu'il en soit, Jansenius reconnoissant qu'étant homme, il pouvoit s'étre trompé sur un sujet si difficile, y avoit écrit ces paroles dignes d'étre bien remarquées par ses Disciples.

Pour conoître si ce qui a été avancé dans ce Livre est vray, ou s'il n'est que vray-semblable, à quelle pierre-de-touche l'éprouverons-nous, si ce n'est à cette Pierre qui brise par la verité, tout ce qui luit par la vanité? Quel autre Tribunal consulterons-nous, que celuy qui est inaccessible à l'infidelité? Quel Iuge enfin prendrons-nous, sinon le Vicaire de celuy qui a dit, qu'il étoit la voye, la verité, & la vie? par la doctrine, & sous la conduite duquel, Dieu ne permet pas qu'il y ait aucune personne qui s'égare, ny qui soit trompée, ny qui soit sujette à la mort, &c.

C'est pourquoy je n'ay rien pensé, je n'ay rien dit, je n'ay rien écrit, dans ce labirinthe embarassé de disputes, pour faire voir dans leur jour les vrais sentimens de ce Maistre tres-profond, en les tirant de ses propres écrits, ou des Actes de l'Eglise Romaine, que je ne mette aux pieds de vôtre Sainteté; & je suis prest d'approuver, ou de condamner, de soustenir, ou de revoquer, tout ce qu'elle declarera digne d'approbation ou de condamnation.

Outre cette reconnoissance de Jansenius, qui est d'un stile fort different de celuy de ses Disciples, prevoyant peut-étre ce qui est arrivé, que cette Epître liminaire seroit tronquée & suprimée, afin qu'on ne doutast point de sa soumission à l'Eglise, en la personne de son Chef visible, il a voulu en inserer une presque toute semblable dans le milieu de son livre; en voicy les termes. *C'est la resolution que j'ay prise des mon Enfance, & que je veux constamment garder jusqu'au dernier soupir, de soumettre mes sentimens à la conduite de l'Eglise Romaine, & du Successeur de saint Pierre dans le Siege Apostolique. Ie sçay que l'Eglise est bastie sur cette pierre: que quiconque ne recüeille point avec ce Souverain Pasteur, il pert son travail & sa peine: que l'heritage de nos Peres est conservé chez luy. Et comme j'ay vescu dés mes plus tendres années, & que je suis resolu de vivre & de mourir en la Communion de cette Chaire de saint Pierre, aussi je declare que tout ce que ce Successeur du Prince des Apostres, ce Vicaire de Iesus-Christ, ce Chef, ce Moderateur, ce Pontife de toute l'Eglise universelle aura determiné, je le veux tenir, j'improuve tout ce qu'il aura improuvé, je condamne tout ce qu'il aura condamné, j'anathematise tout ce qu'il aura anathematisé.*

Enfin il termine cet ouvrage par ces paroles.

je veux & entends que tout ce que j'ay avancé sur des matieres si differen-

Tom. 2. lib.
Pręmial.
cap. 20.

In Epilogo
totius operis.

tes & si difficiles, selon le sentiment de ce saint Docteur, & non selon le mien,
depende du jugement & de la decision du Siege Apostolique, & de l'Eglise
Romaine ma Mere, en sorte que des à present je declare que si elle juge que
je doive tenir ce que j'ay escrit en ce Livre, ou que je doive le revoquer,
je le tiendray ou je le revoqueray ; si elle m'ordonne de le condamner &
Anathematiser, je le condamneray & je l'Anathematiseray.

Voila ce que dit Janfenius. Il declare que pour difcerner fi ce qu'il
a écrit dans fon livre eft faux ou veritable, il ne veut point de pierre de-
touche plus affeurée que le jugement du Souverain Pontife : Il ne veut
fe rapporter qu'au Tribunal du faint Siege Apoftolique, qu'il dit étre
inacceffible à l'infidelité. Il protefte qu'il n'a rien avancé, qu'il ne foit
preft de revoquer, de condamner, & d'anathematifer, fi ce Souverain
Juge le condamne, & qu'il veut que tout fon livre dépende abfolument
du jugement & de la decifion de ce Souverain Juge.

Que fi l'on veut comparer ce que les Janfeniftes ont écrit dans tous
leurs libelles, fur le fujet de ce même livre, avec ce qu'en dit Janfenius, qu'on y verra de difference ? & que d'oppofition entre les pro-
teftations du Maiftre, & celles de fes Difciples ?

Janfenius foumet la doctrine de fon livre au jugement & à la cenfure
de l'Eglife Romaine; les Janfeniftes ne veulent point qu'elle en juge.
Janfenius declare qu'il condamne la doctrine de ce livre, fi le Pontife
Romain la condamne; & apres qu'elle a été condamnée par trois Papes, & par les Evefques Catholiques de toute l'Eglife, les Janfeniftes
la veulent deffendre & fouftenir. Janfenius dit, que le Tribunal du
Siege Apoftolique eft inacceffible à l'infidelité : Les Janfeniftes difent
qu'il peut fe tromper & tromper les autres. Janfenius protefte qu'il
veut abfolument dependre du jugement du faint Siege Apoftolique pour
tout ce qu'il a écrit dans fon livre, & que s'il luy ordonne de revoquer,
de condamner, d'anathematifer la doctrine de ce livre, il eft preft de le
faire. Et l'Eglife ordonne aux Janfeniftes de figner un Formulaire, par
lequel ils reconnoiffent qu'elle a juftement condamné la doctrine de
ce livre, & ils ne veulent pas luy obeyr.

Il ne faut point s'étendre davantage fur ce fujet, pour montrer l'oppofition des fentimens des Janfeniftes & de Janfenius touchant la doctrine de fon livre ; il a déja prononcé la condamnation de leur defobeyffance, & Dieu vueille qu'au jour du Iugement, il n'ait pas fujet de
s'élever contr'eux, & de condamner encore leur obftination, en prefen-
ce de celuy, qui a dit, *Que quiconque ne veut pas écouter l'Eglife, doit*
paffer pour un Idolatre & un reprouvé.

Les Iansenistes condamnez par eux-mémes.

ON sçait assez les loüanges extraordinaires que les Janseniftes ont
donné à la doctrine des livres de S. Auguftin ; on sçait qu'ils ont
tâché de la mettre prefque en paralelle avec la fainte Efcriture : mais
ce n'eft pas icy le lieu de rechercher par quel motif ils ont parlé de la
forte , ny d'examiner fi en cela ils ont paffé les bornes de la jufte mo-
deration que ce faint Docteur a luy-méme tant recommandée. Il eft
certain que pourveu qu'on demeure dans ces termes, on ne peut rien
dire à la gloire de cét incomparable Docteur, qui ne foit au deffous de
ce qu'il merite. Il s'agit feulement de voir fur quoy les Janseniftes ont
fondé ce qu'ils ont dit à fa loüange, & quelles inductions ils ont pretendu en tirer , pour appliquer le tout à nôtre fujet.

L'un de leurs Écrivains parlant des livres de faint Auguftin, dit, *Qu'on*
ne fçauroit croire fans Herefie , qu'il peut y avoir des erreurs dans les
livres de faint Auguftin. Et que c'eft condamner , non pas faint Auguftin
feulement , mais auffi le faint Siege Apoftolique, qui l'a déclaré exempt
méme de tout foupçon d'avoir erré, & d'avoir paffé les bornes de la verité
dans fes Ecrits : Appellant , méchants , tous ceux qui oferoient parler de
la forte.

Confidera-
tions fur
l'entreprife
de M. Cor-
net.
Confider.20

Janfenius fur ce méme fujet, rapporte ce que trois Papes ont prononcé à la loüange de ce faint Docteur, & s'appuyant fur leur authorité,
il ne fait point de difficulté de dire , que *la doctrine contenuë dans fes*
livres eft Apoftolique, Evangelique, Celefte , & d'une authorité irrepro-
chable. D'où il conclud , *qu'il faut tenir pour indubitable, & pour conforme*
aux veritez de la Foy Catholique , tout ce que faint Auguftin a laiffé par
écrit fur la matiere de la grace , comme ayant été confirmé & authorifé par
les declarations falutaires de tant de Pontifes Romains.

To. 1. lib.
Præam, cap.
24. & 25.

C'eft donc une des principales maximes des Janseniftes, que la doctrine des livres de faint Auguftin touchant la grace eft fi conforme à
la Foy, que celuy qui diroit ou croiroit le contraire, non feulement fe
tromperoit, mais meriteroit d'étre tenu pour Heretique. Et leur fondement eft étably fur ce que les Papes ont declaré, que la doctrine des
livres de faint Auguftin étoit exempte de tout foupçon d'erreur.

Si donc les Janseniftes eftiment qu'ils ont raifon de condamner comme Heretiques ceux qui oferoient foutenir que la doctrine des livres de
ce grand Saint, fur le fujet de la Grace , n'eft pas certaine , parce que
l'Eglife par la bouche des Pontifes Romains, l'a déclarée exempte de tout

foupçon d'erreur : Ils doivent pareillement demeurer d'accord que ceux-là tombent dans le méme blâme d'herefie, qui pretendent foûtenir que la doctrine du livre de Janfenius eft exempte de toute erreur, apres que la méme Eglife par la bouche de trois Papes, & des Euéques Catholiques, l'a condamnée comme Heretique. Car il ne faut pas moins de lumiere pour reconnoitre & déterminer avec certitude qu'une doctrine eft orthodoxe, que pour voir & decider qu'une doctrine eft erronnée, & contraire aux veritez de la Foy.

Et de-là on peut former le raifonnement qui fuit, pour montrer que les Janfeniftes fe condamnent eux-mémes, en refufant de fe foûmettre au jugement de l'Eglife, fur le fujet de la doctrine du livre de Janfenius.

Ceux qui tiennent pour orthodoxe la doctrine d'un livre que l'Eglife condamne d'Herefie, ne font pas moins Heretiques que ceux qui tiennent pour erronée la doctrine d'un livre que l'Eglife a déclaré orthodoxe, puifque les uns & les autres s'oppofent également à l'authorité de l'Eglife, & la condamnent méme d'erreur dans le Jugement qu'elle a prononcé fur la doctrine de ces livres. Or eft-il que les Janfeniftes condamnent comme Heretiques ceux qui ofent foûtenir qu'il y a des erreurs dans la doctrine des livres de faint Auguftin, parce que l'Eglife l'a déclarée Catholique & exempte de tout foupçon d'erreur.

Ils fe condamnent donc eux-mémes comme Heretiques, puis qu'ils pretendent foûtenir & deffendre comme Catholique & orthodoxe, la doctrine de Janfenius, apres que l'Eglife l'a condamnée comme remplie de diverfes erreurs contraires aux veritez de la Foy.

Eclairciffement touchant la diftinction du droit & du fait, dont les Ianfeniftes pretendent fe fervir pour eluder le jugement de l'Eglife.

IL me femble que ce que j'ay dit peut fuffire, pour montrer combien les Janfeniftes font blâmables dans le refus qu'ils font de fe foûmetre au Jugement de l'Eglife, & de figner le Formulaire : neanmoins comme je n'ay parlé fur ce fujet que par rapport à ce qui s'eft toûjours pratiqué dans l'Eglife, fans toucher la diftinction du droit & du fait, il ne faut pas en demeurer là ; Ils voudroient peut-être tirer avantage de mon filence fur ce fujet ; ils s'imagineroient qu'on ne peut répondre à quelques fubtilitez Scolaftiques, qu'ils pretendent appuyer fur cette distinction : mais il est aisé d'en découvrir la foiblesse, & en même temps la mauvaise foy de ceux qui pretendent s'en servir, pour établir l'erreur, & authoriser leur obstination.

Cette distinction du droit & du fait a tiré son origine des Jurisconsultes, d'où elle a passé chez les Theologiens qui traittent de la Morale, & les autres Docteurs la peuvent employer pour l'éclaircissement des choses qui concernent la Religion & la Foy.

Or comme le droit des Jurisconsultes est étably dans les Loix, qui leur servent de regle, pour juger de la justice ou de l'injustice d'une cause : de-même le droit des Docteurs Theologiens, en ce qui touche la Foy, se tire de la Tradition, & des Ecritures Saintes : parce que c'est sur cette regle, que l'Eglise juge de la qualité d'une doctrine, & détermine avec certitude, si elle est fausse ou veritable, Catholique ou Heretique. Pour ce qui est du fait, il ne dépend pas de ces regles, & ne se decide ordinairement que par la connoissance particuliere qu'en donne le rapport des autres. De-là vient que dans les choses de la Foy, l'Eglise peut juger avec certitude & infallibilité de ce qui appartient au droit : parce que la regle qu'elle suit en ce jugement, est certaine & infaillible : mais pour ce qui est des simples faits, qu'elle ne connoist que par le rapport des autres, son jugement n'est pas infaillible, n'étant fondé que sur le témoignage des hommes, qui peuuent tromper ou être trompez.

Par exemple, c'est une question de droit, de sçavoir, s'il faut croire que le Corps de Iesus-Christ soit réellement & substantiellement present au Sacrement de l'Eucharistie, parce que cela se peut connoitre & decider par la Tradition & par l'Ecriture. Mais ce n'est qu'une question de fait, de sçavoir, si c'est Calvin qui a enseigné que le Corps de Iesus Christ n'étoit point réellement present en ce Sacrement ; parce que l'Eglise ne peut connoitre par la Tradition ny par l'Ecriture que ce soit Calvin qui soit l'Autheur de cette fausse doctrine, mais seulement par le rapport & le témoignage d'autruy.

Ce poinct ainsi expliqué, il s'agit de sçavoir, si lors que l'Eglise a condamné comme Heretique, la doctrine du livre de Iansenius contenuë dans les cinq Propositions, elle a seulement jugé d'un fait, où elle ait pû se tromper.

Les Iansenistes le pretendent, sans en apporter aucune preuve: mais supposant cela comme un principe qu'on ne doit pas leur contester, ils en tirent des consequences telles qu'il leur plaist : cependant il ne faut pas être éclairé d'une lumiere fort extraordinaire, pour découvrir leur dessein, qui n'est autre que de se servir du pretexte de deffendre la doctrine du livre de Iansenius, pour pouvoir toûjours impunément retenir & soûtenir les erreurs qu'il contient.

Leurs propres Ecrits montrent affez , & les plus finceres d'entr'eux conviennent de bonne-foy, qu'avant la Conftitution d'Innocent X. ils reconnoiffoient que les cinq propofitions avoient été tirées du livre de Janfenius, & qu'elles en contenoient un fidele extraict : par confequent fi depuis la condamnation de ces propofitions, ils s'obftinent à fouftenir la doctine de ce livre, il eft evident que ce n'eft qu'à deffein de fouftenir auffi les erreurs condamnées dans les cinq propofitions. Mais comme ils n'ofent declarer tout-haut leur fentiment fur ce fujet , ils fe font avifez d'un expedient qui a été inconnu à tous les anciens Heretiques, & dont ils euffent pû fe fervir fort adroitement, pour fe conferver la liberté de fouftenir leurs erreurs malgré tous les Anathemes de l'Eglife : car pour eluder la condamnation de la doctrine du livre de Ianfenius dans les cinq propofitions, ils ont dit, que le jugement de l'Eglife n'avoit été que fur un fimple fait, & que n'étant pas certain ny infaillible, il n'y avoit aucune obligation de s'y foumettre. Ils fuppofent qu'on le doit croire fur leur parole, ils n'en rapportent point d'autres preuves, & voicy quelques-unes des confequences qu'ils en tirent. Ceux, difent-ils, qui veulent obliger de fe foumettre à ce jugement de l'Eglife, & de montrer leur foumiffion en foufcrivant le Formulaire, s'efforcent d'introduire une nouvelle herefie pernicieufe à la Religion : ils veulent exercer une tyrannie infupportable fur les efprits, en les contraignant de croire comme certain, un fait non revelé, qui peut étre fujet à l'erreur, &c.

Mais les Janfeniftes n'ont pas veu, ou n'ont pas fait femblant de voir, que de cette fauffe fuppofition, & de leurs inductions, on en peut tirer d'autres confequences beaucoup plus pernicieufes à la Religion ; parce que fi ce qu'ils difent, & ce qu'ils pretendent faire croire, eft veritable , l'Eglife n'aura plus l'authorité de condamner la mauvaife doctrine d'aucun livre Heretique, ny d'obliger les Fideles à fe foûmettre au jugement qu'elle en donnera : car elle ne peut condamner la doctrine d'un livre qu'en general, ou fur des propofitions qui en auront été tirées. Si elle condamne cette doctrine fur quelques propofitions, on dira que ce n'eft qu'une queftion de fait, de fçavoir fi ces propofitions fe lifent dans ce livre , & fi elles ont été condamnées au fens de l'Autheur : qu'ainfi le jugement n'étant que fur une queftion de fait, on n'eft point obligé de s'y foûmettre, & par ce moyen la condamnation demeurera fans effet, & malgré les deffences de l'Eglife, on pourra toûjours foûtenir impunément la doctrine de ce mauvais livre.

Que fi l'Eglife condamne feulement la doctrine du livre en general, on fçait ce que les Janfeniftes ont dit, & ont écrit contre la Bulle d'Vrbain VIII. qui condamnoit de la forte la doctrine du livre de Janfenius. Et un efprit malicieux pourroit toûjours demander qu'on luy fiſt voir en particulier les erreurs condamnez dans ce livre ; mais comme on ne le pourroit, que par quelques propoſitions qu'il en faudroit tirer, il auroit lieu de dire, que ce n'eſt qu'une queſtion de fait, de ſçavoir ſi ces propoſitions ſont renfermées dans le livre, &c.

Ie ſçay bien que les Ianſeniſtes ont autre-fois avancé ſous le nom de Denys Raymond, que quand tous conviennent du ſens de la doctrine & de l'Auteur d'un livre, c'eſt alors une queſtion de droit, de ſçavoir ſi cette doctrine eſt Catholique ou Heretique; que ſi l'on ne convient pas de ce ſens, ils pretendent que ce n'eſt plus qu'une queſtion de fait, où l'Egliſe ſe peut tromper. Mais il eſt aiſé de voir, que c'eſt là une evaſion auſſi fauſſe que ridicule. Quoy ? parce que quelques particuliers ne conviendront pas du ſens de la doctrine d'un livre, l'Egliſe manquera d'autorité pour en juger ? & la lumiere qu'elle a receuë de Dieu pour diſcerner ce qu'il y a de bon ou de mauvais dans cette doctrine, s'eclipſera auſſi toſt que quelque eſprit mal-fait ou malicieux voudra conteſter ſur ce ſujet ?

Au reſte, ſi ce n'eſt qu'une queſtion de fait, comme les Ianſeniſtes pretendent, lors que l'Egliſe juge du ſens de la doctrine d'un livre, quand tous n'en conviennent pas, & ſi l'on n'eſt pas obligé de ſe ſoumettre à ſon jugement ; il s'enſuit que l'on pourra reduire à une queſtion de fait, tout ce que l'Egliſe a condamné dans les fauſſes interpretations que les Ariens, les Sabelliens, les Neſtoriens, & les autres ennemis de la Foy donnoient à divers paſſages de l'Ecriture. Et comme preſque tous les Heretiques ont appuyé leurs erreurs ſur diverſes paroles Saintes, mais mal entenduës, ils pourront tous reclamer contre la veritable explication que l'Egliſe a faite de ces paroles, & dire que ce n'eſt qu'une queſtion de fait, de ſçavoir, ſi elle a bien entendu le ſens de ces paroles & de ces paſſages. Car s'il eſt vray que l'Egliſe ſe puiſſe tromper, dans l'intelligence du ſens de la doctrine contenuë dans le livre d'un Autheur ; comment pourra-t'on ſouſtenir contre ces Heretiques, qu'elle ait pû juger avec certitude & infallibilité du veritable ſens des Saintes Ecritures ?

Quant à ce que les Ianſeniſtes adjoutent, que ceux qui les veulent obliger de ſe ſoumettre au jugement de l'Egliſe touchant la doctrine du livre de Janſenius, & de ſouſcrire au Formulaire, s'efforcent d'introduire une nouvelle hereſie, & qu'ils veulent exercer une tyrannie ſur les eſprits : ils ne prennent pas garde qu'ils font un ſanglant reproche aux Archeveſques & aux Eveſques, qui par leurs Mandemens ont obligé à cette ſouſcription. Le Roy méme n'en ſera pas exempt, puiſqu'il a employé ſon autorité pour cet effet. Et comme il n'eſt pas croyable qu'ils vueillent ſoûtenir une ſi mauvaiſe conſequence, il faut neceſſairement qu'ils revoquent ce qu'ils ont ſi temerairement avancé.

Mais

Mais ils s'embaraſſent dans une autre difficulté, qu'ils auront peine à
reſoudre. C'eſt que s'ils pretendent que l'Egliſe ne decide qu'une queſtion de fait, lors qu'elle juge du ſens de la doctrine d'un livre , & que
ceux qui voudroient obliger les Fideles d'acquieſcer au jugement qu'elle
auroit rendu ſur ce ſujet, ſeroient Autheurs d'une nouvelle hereſie , &
d'une tirannie inſuportable ſur les eſprits : il faut que ſur ce principe ils
tombent d'accord, que les Papes qui ont approuvé la doctrine des livres
de ſaint Auguſtin, n'ont en cela jugé que d'un fait, où ils ont pû ſe tromper , & par conſequent que les Janſeniſtes qui pretendent qu'on eſt
obligé de ſe ſoumettre au jugement de ces Papes, & de tenir la doctrine
de ſaint Auguſtin, pour *Orthodoxe, Apoſtolique , Evangelique , Celeſte,
& d'une autorité irreprochable,* s'efforcent d'introduire une nouvelle hereſie, & une tirannie inſuportable ſur les eſprits. Il faut auſſi qu'ils confeſſent, que M. l'Eveſque d'Alet ayant condamné dans quelques propoſitions la doctrine du livre de l'Apologie des Caſuiſtes, n'a prononcé que
ſur une queſtion de fait, & qu'ayant obligé ſes Dioceſains de ſe ſoumettre à ſon jugement, il a introduit une nouvelle hereſie dans ſon Dioce-
ſe , & a donné ſujet de croire qu'il vouloit exercer une tirannie inſuportable ſur les eſprits.

Que s'ils ne veulent pas auoüer l'un & l'autre, il faut donc qu'ils
confeſſent que la condamnation de la doctrine du livre de Janſenius, ne
tombe point ſur une ſimple queſtion de fait ; ou s'ils le veulent toûjours
ſoûtenir, il faut qu'ils reconnoiſſent, que l'Egliſe peut rendre un jugement certain ſur les queſtions de fait , qui touchent le diſcernement de
la doctrine d'un livre, & qu'elle peut obliger les Catholiques de ſe ſoûmettre au jugement qu'elle aura rendu ſur ces ſortes de queſtions.

Mais pour éclaircir davantage cette matiere , & faire voir ou l'igno-
rance volontaire , ou plutoſt la mauvaiſe foy des Janſeniſtes , dans leur
ſuppoſition, il faut qu'ils conviennent, que lors qu'il s'agit de juger de
la doctrine enſeignée par quelque Autheur, & que l'Egliſe trouvant cette
doctrine contraire à l'Ecriture ou à la Tradition, la condamne comme
Heretique ; ce Jugement eſt ſur le droit, & non pas ſur un fait ſimple.

Il eſt encore évident que ce Jugement ſera toûjours le même , ſoit
que cette doctrine ait été enſeignée de vive voix , ou miſe par écrit dans
quelque livre ; & que l'Egliſe a toûjours autant de lumiere pour en
juger.

Que ſi l'Egliſe peut juger avec certitude de la doctrine écrite dans un
livre, elle peut par conſequent connoitre avec la même certitude quel
eſt le propre ſens de cette doctrine : car ſi elle ne peut connoitre le
ſens, elle ne peut juger de la doctrine, & ſi elle ne connoiſt pas ce ſens
avec certitude , elle ne peut auſſi avec certitude juger de la même
doctrine.

C

Que ſi elle peut connoitre avec certitude quel eſt le ſens de cette doctrine, elle peut avec la méme certitude juger s'il eſt bien ou mal exprimé dans les propoſitions tirées du livre, & par conſequent avec la méme certitude qu'elle peut juger de la doctrine d'un livre, & du ſens de cette doctrine, Elle peut juger des propoſitions tirées de ce livre, & condamner la doctrine du livre dans ces propoſitions, ou condamner ces propoſitions comme étant un veritable extrait de la doctrine du livre.

Ainſi comme toutes ces choſes dont l'Egliſe a porté ſon jugement appartiennent au droit, & non pas au fait, il eſt clair que les Janſeniſtes ſe trompent, ou plûtoſt s'efforcent de tromper les autres, lors qu'ils veulent faire croire que l'Egliſe n'a prononcé que ſur un ſimple fait, quand elle a condamné la doctrine du livre de Janſenius dans les cinq propoſitions.

Des iugemens de l'Egliſe ſur de ſimples faits perſonnels & particuliers.

MAis pour donner un paſſe droit aux Janſeniſtes, je veux traitter avec eux, comme ſi la condamnation du livre de Janſenius n'étoit que ſur un ſimple fait : je conſens qu'ils donnent toute l'étenduë qu'ils voudront à leur ſuppoſition, quoy-que fauſſe, & qu'ils diſent, ſi bon leur ſemble, que le jugement de l'Egliſe touchant la doctrine de ce livre, n'a été rendu que ſur un fait perſonnel & particulier, & qu'il n'eſt point infaillible. Ie ne ſçay cependant, ſi apres cela ils trouveront aucun pretexte de reſiſter à ce jugement, & s'ils pourront dire avec apparence de raiſon, qu'en les obligeant de s'y ſoûmettre, on veut introduire une nouvelle Hereſie dans l'Egliſe.

Quoy qu'ils produiſent aſſez librement leurs penſées, & qu'ils n'épargnent ny les Eveſques, ny les Archeveſques, ny les Papes, quand ils les trouvent contraires à leurs ſentimens, il n'y a pourtant pas lieu de croire qu'ils ozent taxer les Conciles Oecumeniques d'avoir introduit une nouvelle Hereſie dans l'Egliſe. Cependant je trouve dans les Actes de ces ſaintes Aſſemblées, qu'on y a ſouvent obligé les Catholiques de ſe ſoûmettre à la deciſion d'un ſimple fait perſonnel, lors qu'on leur a ordonné de ſouſcrire la condamnation, non ſeulement des hereſies, mais auſſi des Heretiques, & de prononcer Anatheme contre leur perſonne. Au Concile de Nicée, on le fit contre Arius ; au Concile d'Epheſe, contre Neſtorius ; au Concile de Conſtance, contre Vviclef & Iean Hus, &c. Et ſi quelqu'un refuſoit d'obeïr en ce poinct, on procedoit contre luy, comme contre un Heretique. Il ne s'agiſſoit toutefois que d'un ſimple fait perſonnel & particulier : car de ſçavoir s'il y a eu un Heretique nommé Arius ou Neſtorius, ou s'il a enſeigné une telle Hereſie, ce n'eſt qu'une ſimple queſtion de fait perſonnel & particulier, qui eſt fort differente de celle qui concerne le livre de Ianſenius, où l'on ne recherche pas ſi c'eſt Ianſenius qui a compoſé ce livre, mais ſi la doctrine de ce livre eſt Heretique ou Catholique.

Les Prelats qui compoſoient ces illuſtres Aſſemblées, connoiſſoient fort bien que la condamnation qu'ils avoient fulminée contre la perſonne de ces Heretiques, ne regardoit qu'un fait particulier non revelé; ils ne laiſſoient pas neantmoins d'obliger tous les Fideles de ſe ſoumettre à leur jugement : & ſi quelqu'un refuſoit d'obeïr, on procedoit contre luy, comme contre un Heretique. Que ſi l'Egliſe a pû juſtement agir de la ſorte dans les ſiecles paſſez ; ne le pourra-telle pas encore au ſiecle preſent ? Et n'a-t-elle pas toûjours une égale authorité, puis qu'elle eſt aſſiſtée du même Eſprit de verité, que Ieſus-Chriſt luy a donné pour demeurer avec elle juſques à la conſommation du ſiecle ? Et par conſequent peut-on ſans impieté luy reprocher, qu'en agiſſant de la ſorte elle vueille introduire une nouvelle Hereſie ?

Mais pour faire connoitre aux Ianſeniſtes, que cette maniere d'agir eſt fondée, non ſeulement ſur l'authorité de l'Egliſe, mais auſſi ſur la raiſon & ſur la juſtice : c'eſt une maxime de droit generalement receuë, que celuy qui durant un temps notable, donne juſte ſujet d'étre ſoupçonné d'hereſie, ſans ſe mettre en devoir de s'en purger, doit eſtre traitté comme Heretique. On ſçait bien que ce n'eſt pas un article de Foy, qu'Arius ou Neſtorius ayent été les Autheurs de quelques Hereſies; mais cela n'empeſche pas que celuy qui le nieroit avec obſtination, apres que l'Egliſe les a condamnez comme tels, ne donnaſt un juſte ſujet de le ſoupçonner d'adherer à leurs Hereſies, & par conſequent qu'il ne meritaſt d'étre traitté comme Heretique.

Il n'eſt pas difficile d'appliquer cette maxime au ſujet dont il s'agit, & de conclure, que bien qu'on accordaſt aux Janſeniſtes, que dans la ſouſcription du Formulaire il ne fût queſtion que d'un ſimple fait non revelé, purement perſonnel & particulier ; l'Egliſe neantmoins peut avec raiſon & juſtice tenir pour ſuſpects d'hereſie, ceux qui en ce poinct ne luy veulent pas obeïr, & traitter comme Heretiques ceux qui voudront s'obſtiner à ne ſe point ſoumettre à la cenſure de la doctrine du livre de Janſenius dans les cinq Propoſitions.

Eclaircissement touchant le procedé qu'on a commencé de tenir à l'égard de quelques Evesques qui refusent de signer le Formulaire.

IL est important de faire voir au public quel a été le procedé qu'on a tenu jusques-icy, pour obliger quelques Evesques de souscrire le Formulaire, puis qu'il ne s'y est rien fait que par l'authorité du Roy, & que sa Majesté a voulu que les Ordres portez par les Saints Canons y fussent religieusement observez. Alexandre VII. par sa Constitution du 15. de Fevrier 1665. declare que le Roy porté par le zele qu'il a pour la Religion, luy ayant fait remontrer par son Ambassadeur, que le meilleur remede qu'on pouvoit employer pour extirper les restes de la contagion du Jansenisme, étoit de faire signer à tous un méme Formulaire, qui fust dressé par l'authorité du saint Siege Apostolique; dans lequel un chacun condamnast sincerement les cinq Propositions tirées du livre de Jansenius, intitulé (*Augustinus:*) Et ayant fait faire instance que l'on expediast au plûtost ce Formulaire, pour ôter tous les subterfuges & pretextes de desobeïssance. Sa Sainteté avoit envoyé ce Formulaire inseré en sa Constitution, & avoit enjoint à tous Archevesques & Evesques, & à tous autres Ecclesiastiques, tant Seculiers que Reguliers, & méme aux Religieuses, de souscrire ledit Formulaire, & ce dans l'espace de trois mois apres la publication & signification de cette Constitution ; à faute de quoy il vouloit qu'on procedast irremissiblement, suivant les Constitutions Canoniques, & les Decrets des Conciles, contre ceux qui n'auroient pas obey.

Sur cette Constitution le Roy declara par ses Lettres patentes enregistrées en Parlement au mois d'Avril suivant, que voulant concourir par son autorité à faire cesser les divisions qui avoient jusques à lors partagé ses Sujets, sur ces matieres ; & establir une entiere uniformité dans leurs sentimens ; il ordonnoit que cette Constitution seroit receuë & publiée par tout son Royaume, pour y étre gardée & observée inviolablement, selon sa forme & teneur ; & à cette fin enjoignoit aux Archevesques & aux Evesques de son Royaume, de signer & faire signer incessamment par tous les Ecclesiastiques de leurs Dioceses tant Seculiers que Reguliers ledit Formulaire, purement & simplement, sans user d'aucune distinction, interpretation, ou restriction, dans les trois mois prescrits par ladite Constitution. Et en cas qu'aucun Archevesque ou Evesque refusast de signer ledit Formulaire, & n'en ordonnast pas la signature dans ledit temps de trois mois, purement & simplement, sa

Majesté vouloit & entendoit, qu'il fût procedé contre luy par les voyes Canoniques.

Voila ce qui eſt porté dans la Conſtitution du Pape Alexandre VII. & dans la Declaration du Roy ſur ce ſujet du Formulaire ; le tout eſt conforme aux anciens vſages de l'Egliſe, qui s'eſt ordinairement ſervie de ces ſouſcriptions : & les Princes Chreſtiens ont toûjours employé leur autorité Souveraine, pour luy faire obeyr en pareilles occaſions.

Il s'eſt neanmoins trouvé quatre Eveſques dans ce Royaume, qui depuis plus de trois ans que cette Conſtitution & ces Lettres patentes ont été publiées, refuſent de ſigner ce Formulaire, & de le faire ſigner aux Eccleſiaſtiques de leurs Dioceſes. On l'a raporté au Roy, & ſa Majeſté voyant que cela commençoit de mettre la diviſion parmy ſes Sujets, dont les ſuittes étoient à craindre, & que ces quatre Eveſques perſiſtoient toûjours en leur reſolution de ne point ſigner; Il a eu derechef recours au Pape, pour luy demander qu'il commît un nombre ſuffiſant de Prelats pour proceder contre ces Eveſques ſelon l'ordre que l'Egliſe en a preſcrit.

Quoy-que ce procedé ſoit tres juſte & tres-Canonique, on a tâché neanmoins de perſuader qu'il étoit *contraire aux Canons des Conciles, & aux decrets des Papes ;* on a pretendu que lors qu'il s'agiroit de faire le procez à des Eveſques, il falloit qu'ils fuſſent jugez en premiere inſtance par les Eveſques de leurs Provinces, preſidés par leur Metropolitain : & la plainte qu'on a formée ſur ce ſujet, a trouvé entrée dans l'eſprit de quelques perſonnes fort recommandables pour leur pieté. D'autres toutefois qui n'ont pas moins de vertu, mais plus de lumiere en ces matieres, ayant fait reflexion ſur cette plainte, ont jugé qu'elle étoit mal fondée : que ceux qui en avoient fait la premiere ouverture, étoient peu inſtruits de la conduite preſente de l'Egliſe, ou préoccupez de quelque paſſion qui leur empéchoit d'y faire attention, & qu'il y avoit ſujet de croire que les Janſeniſtes y avoient bonne part, pour empécher ou retarder l'effet de cette derniere Conſtitution, & ainſi eluder les juſtes intentions de l'Egliſe, & du Roy.

On ſe plaint que ce procedé eſt contraire aux Canons des Conciles, & aux Decrets des Papes : mais on ne nomme ny ces Conciles, ny ces Papes, on ne marque point où ſont ces Canons ny ces Decrets.

Entre tous les Conciles, celuy dont les Canons doivent être plus religieuſement obſervez, c'eſt ſans doute le dernier Concile general tenu dans la ville de Trente. Car ſi l'on ne veut choquer la maxime de ſaint Auguſtin univerſellement receuë, les Canons & les Ordonnances des derniers Conciles doivent être preferées aux Canons & aux Ordonnances des Conciles plus anciens. Et par conſequent les Decrets du Concile de Trente, qui eſt le dernier General, doivent être obſervez par

preference à tous les Decrets des Conciles precedens. Mais outre cette
conſideration, qui nous eſt commune avec le reſte de l'Egliſe, il y en a
une autre qui eſt particuliere à la France, & qui fait connoître l'obligation ſinguliere qu'ont les Eccleſiaſtiques du Royaume, de ſuivre ce que
ce dernier Concile a preſcrit.. C'eſt que depuis long-tems, tous les Prelats de France ont fait de grandes inſtances à nos Roys, pour la reception des Decrets de ce Concile, qui regardent la police & la diſcipline Eccleſiaſtique.

Dans la remontrance faite au Roy Henry III. par les Deputez de l'Aſſemblée generale du Clergé, qui ſe tenoit à Melun l'an 1579. M. l'E-
veſque de Bazas, qui portoit la parole, uſa de ces termes ſur ce ſujet.

*Le Clergé ſupplie tres-humblement vôtre Majeſté, qu'il luy ſoit permis
de ſe reformer, & remettre en vigueur la diſcipline Eccleſiaſtique, ſelon les
Regles de la reformation, qui ont eſté dictées par le Saint Eſprit, au Saint
& univerſel Concile de Trente.*

La méme ſupplication fut reiterée au nom de l'Aſſemblée generale
du Clergé de l'année 1582. par M. l'Archeveſque de Bourges.

M. l'Eveſque de Noyon deputé vers le Roy, pour l'Aſſemblée generale de l'an 1585. faiſant inſtance ſur le méme ſujet.. *Aucun veritable
Chreſtien, dit-il, ne peut, & ne doit douter, que le ſaint Eſprit n'ait preſidé
en ce ſaint Concile aſſemblé à Trente : & pour cela, Sire, vous preſentant ce
Concile, pour en demander la publication & l'obſervation, nous pouvons dire
avec aſſeurance, que nous preſentons à voſtre Majeſté le Livre de la Loy
de Dieu, lequel nous vous ſupplions tres-humblement, & avec la plus grande
inſtance qui nous eſt poſſible, d'autoriſer, & de permettre qu'il ſoit publié, &
receu pour eſtre obſervé par toutes les Egliſes de voſtre Royaume.*

En l'Aſſemblée de 1598. M. l'Archeveſque de Tours parlant au Roy
Henry IV. au nom de tout le Clergé, *Nous reiterons, dit-il, la tres-
humble requeſte, que ceux qui ont parlé devant nous, ont fait aux Roys vos
Predeceſſeurs, & nous ſupplions tres-inſtamment voſtre Majeſté, que le
ſaint Concile Oecumenique de Trente ſoit receu & publié en voſtre Royaume, Royaume tres-Chreſtien, le plus grand en dignité, & le plus ancien en
la Foy, de tous les autres Royaumes ; dans lequel par conſequent doit reluire
tout exemple de pieté, qui ne ſe peut eſtendre davantage, qu'en embraſſant
& recevant ce qui a eſté indubitablement dicté par le ſaint Eſprit, en cette
illuſtre & docte Compagnie.*

Les mémes Inſtances furent redoublées en pluſieurs autres Aſſemblées generales du Clergé, des années 1605. 1608. 1610. & ſuivantes: &
en l'Aſſemblée generale des Eſtats tenuë l'année 1615. M. le Cardinal de
Richelieu, alors Eveſque de Luçon, portant la parole au Roy, luy dit.
*Sire, toute ſorte de conſiderations convient voſtre Majeſté de faire recevoir
& publier le Concile de Trente dans ſon Royaume : la bonté de la choſe, n'y*

ayant rien en ce Concile qui ne soit tres-saint : l'autorité de sa cause, qui est celle de l'Eglise universelle ; dont l'authorité est si grande, que sans elle saint Augustin ne veut pas croire à l'Evangile : la sainteté de sa fin, qui n'est autre que la conservation de la Religion, & l'establissement d'une vraye discipline en l'Eglise : le fruit que produisent ses Decrets dans les Pays qui les observent : le mal que nous cause le delay de sa reception : l'exemple des autres Princes Chrestiens qui l'ont receu ; & la parole que le feu Roy de glorieuse memoire nous en a donnée.

C'est donc toute l'Eglise Gallicane qui témoigne souhaiter ardemment, & qui demande avec de tres-grandes instances la publication & l'observation des Canons & Ordonnances du Concile de Trente, touchant la police & la discipline Ecclesiastique.

Il reste maintenant de voir ce que les Peres de ce Concile ont ordonné touchant la procedure qu'il faut tenir, lors qu'il s'agit de faire le procez aux Evesques.

C'est en la Session 24. ou le Concile parle en ces termes.

Les causes criminelles de plus grande importance contre les Evesques, mesme celles d'Heresie, (ce que Dieu ne vueille permettre) où il s'agiroit de leur deposition, ou de la privation de leurs Eveschez, seront seulement connuës & decidées par le Souverain Pontife Romain. Que si la cause est telle, qu'il soit necessaire de la commettre hors de la Cour Romaine ; les Commissaires ne pourront estre autres que des Archevesques ou des Evesques, qui seront choisis par le Pape, &c.

Mais pour les autres causes criminelles de moindre consequence, elles seront decidées par le Concile Provincial, ou bien par ceux que le Concile Provincial aura deputez.

Il n'est pas necessaire de rapporter icy les Decrets des Papes, qui ont ordonné l'observation des Canons de ce Concile, estant assez public, que c'est une des choses qu'ils ont plus souvent, & plus instamment commandées & recommandées.

Il suffit de dire, que toute l'Eglise assemblée en ce dernier Concile a prescrit l'Ordre qui devoit être tenu, lors qu'il seroit question de faire le procez aux Evesques : tous les Prelats de France ont demandé avec instance, en huit ou dix Assemblées generales du Clergé, la publication & l'observation des Decrets de ce Concile, touchant la police & la discipline Ecclesiastique. Le Roy veut aujourd'huy que l'on suive l'Ordre prescrit par ce Concile, sur un des principaux poincts de cette police Ecclesiastique. Pour ce sujet il a fait demander au Pape que l'on procedast contre les quatre Evesques, dans une cause tres-importante, suivant ce Decret du Concile. Le Pape trouvant la chose fort juste, y donne les mains, & suivant le desir de sa Majesté, choisit & commet un nombre suffisant d'Archevesques & d'Evesques.

Apres une si sage conduite, comment se peut-il faire, que des François, & des Catholiques osent se plaindre du procedé qu'on tient dans l'affaire des quatre Evesques, & dire qu'il est contraire aux Canons des Conciles, & aux Decrets des Papes ? & comment pretendent-ils soutenir que selon les Canons des Conciles, & les Decrets des Papes, toutes les causes criminelles des Evesques doivent être jugées en premiere Instance par ceux de leur Province, presidez par leur Metropolitain, puisque le Concile de Trente ordonne si formellement le contraire ?

Eclaircissement de quelques autres poincts, sur le mesme sujet.

COmme le Concile remet seulement au jugement du Pape les causes plus importantes, quelqu'un pourroit dire, ce que les Jansenistes ont assez souvent écrit, que la cause dont il s'agit contre ces quatre Evesques est de si petite consequence, qu'à peine seroit-elle digne d'être portée devant vn Concile Provincial, à qui la connoissance des moindres causes appartient. Car dequoy s'agit-il ? C'est de sçavoir si des Propositions sont dans un livre, ou si elles n'y sont pas ? Est-ce là un sujet digne d'être reservé à la connoissance & au jugement du Souverain Pontife ? Est-il necessaire pour si peu de chose d'envoyer une Commission à un si grand nombre de Prelats ?

Ceux qui parlent de la sorte, pensant excuser ces quatre Evesques, font plus de tort à leur reputation qu'ils ne croyent. Car s'il est vray que la chose dont il s'agit soit si legere, ils sont d'autant plus blâmables, de ne vouloir pas se soûmettre au jugement des Papes, & de tant d'Evesques, & de refuser la deference qui est deuë aux Declarations du Roy, pouvant la rendre si facilement, sans blesser leur conscience. Et comme l'obeïssance dans les moindres choses est souvent l'effet d'une excellente vertu, aussi la resistance aux volontez des Superieurs dans les occasions qui semblent les plus legeres, est d'ordinaire la marque d'une grande obstination.

D'ailleurs, si c'est manquer notablement contre la charité, que de ne vouloir ceder dans les petites choses, quand on en prevoit un grand scandale ; que sera-ce lors que ce refus produit un Schisme effectif dans l'Eglise de Jesus-Christ ?

Mais ces Prelats ont trop de lumiere, pour ne pas connoitre l'importance du sujet dont il s'agit, & c'est pour cela qu'ils ont tant de difficulté à se soûmettre : Car si l'on regarde cette affaire touchant le droit, elle est tres-importante, puisque dans les choses de la Foy, non

seulement

feulement les articles, mais auffi les mots, les fyllabes, les lettres, les virgules, comme dit le Fils de Dieu dans l'Evangile, doivent être religieufement obfervées. Que fi l'on pretend qu'il n'eft queftion que d'un fimple fait, l'Eglife le juge de telle confequence quand il eft joint avec les chofes de la Foy, qu'au premier Concile de Nicée trois Evefques furent dépofez, pour n'avoir pas voulu fe foûmettre au Jugement du Concile fur un fait de cette forte. Ainfi l'affaire dont il s'agit, de quelque façon qu'on la regarde, doit être jugée tres-importante, & de la qualité de celles que le Concile referve au Souverain Pontife.

Mais encore, dira quelqu'un, devoit-on avoir égard à la pieté de ces quatre Evefques, & à toutes les actions de vertu & de charité qu'ils pratiquent depuis un fi long-temps dans leurs Diocefes : Quelle apparence y-at-il que des perfonnes fi faintes, fe trompent dans la Foy, puifque fans cette vertu, il eft impoffible de plaire à Dieu, & d'avoir aucune veritable fainteté ? Il eft vray que ces Evefques ont fait paroitre en leurs perfonnes & en leur conduite, les marques des plus excellentes vertus : & s'ils y avoient joint celle qui eft le fondement de toutes les autres, qui eft l'humilité, & la foûmiffion à l'Eglife, on pourroit les confiderer comme des modelles excellens de la vie Paftorale dans ce dernier temps. Auffi eft ce ce qui fait gemir ceux qui ont quelque zele pour l'Eglife de Jefus-Chrift ; lors qu'ils voyent que des Prelats qui depuis beaucoup d'années, ont tant travaillé pour l'édifier d'une main, femblent vouloir aujourd'huy employer l'autre pour la détruire, & que leur vertu & leur pieté ne ferve à prefent, que pour authorifer l'erreur, & ébranler la foy des ames foibles.

Mais laiffant à part leurs perfonnes, & fuppliant l'Autheur de toute verité, qu'il luy plaife éclairer leurs efprits, & toucher leurs cœurs : ceux qui pretendent fe fervir de ce moyen pour deffendre la doctrine Heretique d'un livre, ne fçavent pas de quelle façon l'Eglife procede dans les chofes de la Foy : *Elle ne juge point* (comme a fort bien dit un Ancien) *de la verité de la Foy, par la vertu des perfonnes : mais de la vertu des perfonnes, par la verité de la Foy.* C'eft à dire, que lors qu'il eft queftion de decider fi une doctrine eft Catholique ou Heretique, elle n'a point égard à la vertu, ny à toutes les apparences de fainteté des perfonnes qui foutiennent cette doctrine : parce qu'il fe peut faire, comme il eft arrivé quelquefois, que des perfonnes qui paffent pour fort vertueufes, & d'une vie toute exemplaire, prennent l'erreur pour la verité, & s'obftinent même à foûtenir cette erreur contre l'authorité de l'Eglife : C'eft pourquoy dans les decifions des chofes de la Foy, Nôtre Seigneur a donné à fon Eglife une regle plus affeurée, qui eft l'Ecriture Sainte, & la Tradition, dont elle fe fert pour difcerner la verité de l'erreur ; & ceux qui ne veulent point s'égarer, doivent fe foumettre au Jugement qu'elle en donne, & non

D

pas suivre le sentiment des particuliers, quelque vertu & quelque pieté qu'ils professent. De sorte que quand cette Eglise a condamné une doctrine comme Heretique, il faut absolument se soûmettre à cette condamnation: Et si un Ange descendoit du Ciel (comme parle l'Apôtre) & asseuroit du contraire, il ne faudroit pas l'écouter.

Mais ce n'est pas seulement en ce rencontre, que la vertu veritable ou apparente a été la pierre d'achopement, qui a bien fait tomber des personnes dans l'erreur; l'Eglise a souvent veu & déploré la perte d'un grand nombre d'ames, qui comme de pauvres colombes *sans cœur* ont été seduites par ces apparences de pieté, & le Diable s'en est servy comme d'une amorce, pour les surprendre, & pour les engager dans l'heresie.

Quel degast n'a point fait autrefois dans l'Eglise, l'austerité de vie, & les grandes aumônes de l'ancienne Melanie? On sçait le credit que la reputation de ses vertus donna par tout l'Orient aux erreurs d'Origene, que Ruffin & quelques faux Docteurs luy avoient fait goûter, sous pretexte d'une plus haute perfection; On sçait qu'étant retournée à Rome avec des livres remplis de cette mauvaise doctrine, qu'elle faisoit distribuer par tout, peu s'en falut qu'elle n'infectât un tres-grand nombre de Catholiques, qui avaloient facilement ce poison, qu'une personne sainte, à leurs yeux, leur presentoit dans la couppe d'or d'un discours éloquent & plein de science. Et ce mal se fût sans doute plus étendu, si Dieu n'eust suscité une sainte & vertueuse Veuve, qui s'opposa de toutes ses forces à ce torrent d'iniquité: Ce fut sainte Marcelle, qui étant pleinement instruite sur ce sujet, par les lettres de saint Jerôme, agit si puissamment par ses sollicitations, & ses remontrances, que la pernicieuse doctrine de ce livre fut condamnée, & ceux qui voulurent s'obstiner à la deffendre furent traittez d'heretiques, & obligez enfin à une honteuse retraitte.

Je ne puis finir sans adjoûter un exemple fort remarquable, qui a grand rapport à nostre sujet, & qui doit faire trembler tous ceux qui pensant avoir fait quelque progrez dans la pratique des vertus, s'appuyent plus qu'ils ne doivent sur leurs sentimens particuliers.

Le quatriéme siecle a veu paroistre dans l'Eglise un personnage illustre nommé Lucifer, qui pour sa grande capacité,& pour ses rares vertus, fut élevé au Trône Episcopal de la ville de Cagliari en Sardaigne. C'estoit au tems que l'Arianisme soutenu de l'autorité d'un Empereur Heretique, faisoit de plus grands ravages parmy les Fidelles. On ne voyoit de tous costez que des proscriptions, des bannissemens,& des traitemens encore plus rigoureux, qu'on faisoit souffrir aux Catholiques; on n'épargnoit ny les Prêtres, ny les Evesques, qui ressentoient alors les plus rudes atteintes de cette persecution. Lucifer animé du zele de la Foy, voyant tous ces desordres, s'avança sur les premiers rangs, pour

combatre ces ennemis de l'Eglife, & s'oppofer à leur violence. Il prê-
cha, il écrivit contre ces Heretiques, il découvrit leurs rufes , il refuta
leurs erreurs, il fit plufieurs courfes , il entreprit divers voyages pour
aller fecourir ceux qu'il voyoit en peril d'étre feduits, ou de fuccomber :
& comme il s'employoit de toutes fes forces, pour la deffence de la verité, il eut bonne part aux vexations & aux infultes des Arriens. Il fut
depoüillé de fes biens, chaffé de fon Eglife, banny de fon Pays , & fou-
vent peu s'en fallut, qu'il ne tombaft entre les mains de ceux qui le
cherchoient pour luy ofter la vie. Cependant apres avoir combatu avec
tant de courage, apres avoir donné tant de preuves de fon zele pour la
Foy, apres avoir remporté tant de victoires fur les ennemis de l'Eglife,
qui le faifoient refpecter & confiderer , comme le plus faint Prelat de
fon tems, étant preft d'aller recevoir la Couronne de juftice , dans fon
extreme vieilleffe, ce Vaiffeau fi richement chargé, apres une naviga-
tion fi heureufe, fit un trifte naufrage, prefque fur le poinct d'entrer au
port. Ce grand Homme éblouy de la haute reputation qu'il s'étoit ac-
quife, & des témoignages d'honneur , qu'on luy rendoit de tous coftez,
fe fepara malheureufement de l'Eglife, fur la fin de fes jours, par une attache obftinée à fon propre jugement. Il étoit naturellement porté à
l'aufterité , & fuivoit toûjours ce qui paroiffoit le plus rigide, croyant que
c'étoit le plus parfait. Dans ce fentiment, il ne voulut point approuver
l'indulgence, dont le Pape & les Evefques Catholiques jugerent qu'il
falloit ufer envers quelques Prelats, qui avoient été plûtoft furpris, que
feduits, par les tromperies des Heretiques. Et quoy qu'on le conviaft
par toutes les voyes d'honneur & de charité, à fuivre une refolution fi
conforme à l'efprit de Jefus-Chrift ; il ne voulut jamais fe laiffer flé-
chir, mais s'obftinant à fuivre fon opinion particuliere, il aima mieux
fe feparer de la Communion du Saint Siege , & des autres Evefques fes
Freres, que de fe conformer à leurs fentimens: & perfiftant dans cette
mauvaife difpofition , il devint l'Autheur du Schifme des Luciferiens,
dans lequel il finit malheureufement fa vie. En verité il y eût grand
fujet à cette mort, de s'écrier avec le Prophete : *Quomodo cecidifti
de cælo , Lucifer ?* Auffi cet accident fi deplorable & fi funefte ,
tira les larmes des yeux de tous les Catholiques , & neanmoins
leur donna une telle horreur de ce Schifme , qu'ils ne vouloient
pas feulement mettre le pied dans les Eglifes , dont les Prêtres &
les Pafteurs étoient foupçonnez d'y adherer ; furquoy faint Ambroife
rapporte avec Eloge, de faint Satire fon frere, qu'ayant été miraculeufe-
ment fauvé d'un naufrage, & cherchant quelque lieu propre pour en
aller rendre graces à Dieu , il ne voulut jamais entrer dans une Eglife
qu'il rencontra, parce qu'on luy dit, que l'Evefque du lieu s'étoit feparé
de la Communion du Pontife Romain, & engagé dans le Schifme des
Luciferiens.

F I N.

9 782329 613536